I0889409

DAVID BOWIE. TRIBUTE
Copyright © 2017 Instituto Monsa de ediciones

Editor, concept, and project director
Anna Minguet

Project's selection, design and layout
Carolina Amell (Monsa Publications)
Cover design
Carolina Amell (Monsa Publications)
Introduction and text edition
Monsa Publications

Cover illustration courtesy of Cranio Dsgn
Back cover illustration courtesy of Helen Green

INSTITUTO MONSA DE EDICIONES
Gravina 43 (08930)
Sant Adrià de Besòs
Barcelona (Spain)
Tlf. +34 93 381 00 50
www.monsa.com
monsa@monsa.com

Visit our official online store!
www.monsashop.com

Follow us!
Facebook: @monsashop
Instagram: @monsapublications

ISBN: 978-84-16500-46-8
D.L.B 6690-2017
Printed by Cachimán Gráfic

All rights reserved. No part of this book may be used or reproduced in any manner whatsoever without written permission except in the case of brief quotations embodied in critical articles and reviews. Whole or partial reproduction of this book without editors authorization infringes reserved rights; any utilization must be previously requested.

"Queda prohibida, salvo excepción prevista en la ley, cualquier forma de reproducción, distribución, comunicación pública y transformación de esta obra sin contar con la autorización de los titulares de propiedad intelectual. La infracción de los derechos mencionados puede ser constitutiva de delito contra la propiedad intelectual (Art. 270 y siguientes del Código Penal). El Centro Español de Derechos Reprográficos (CEDRO) vela por el respeto de los citados derechos".

BY CAROLINA AMELL

DAVID BOWIE
tribute

monsa

INTRO

David Bowie was a British musician and composer, who also performed as an actor, producer and arranger. Androgen, extravagant, artistically unclassifiable and with a singular eye that everyone recognizes. David Bowie had all the elements to become a legend. He enjoyed a career full of hits like "Space Oddity", "Changes", "Ziggy Stardust", "Under Pressure", "Let's Dance", "China Girl"...
In February 2017, Bowie was acclaimed for his successful last album, as he was the winner in the categories Best Alternative Rock Album, Best Recording, Best Performance and Best Rock Song at the Grammy Awards.

This book is a tribute to David Bowie, and to all facets of this magnificent artist, inspiration for several generations. We have brought together 41 artists who have created one or more illustrations of David Bowie, they also express in a sentence what they think about this artist recognized throughout the world.

David Bowie fue un músico y compositor británico, quien ejerció a su vez de actor, productor discográfico y arreglista. Andrógeno, extravagante, artísticamente inclasificable y con una marca ocular que todo el mundo reconoce. David Bowie tenía todos los elementos para convertirse en leyenda. Disfrutó de una carrera llena de éxitos como "Space Oddity", "Changes", "Ziggy Stardust", "Under Pressure", "Let's Dance", "China Girl"...
En febrero de 2017, Bowie fue reconocido por el éxito de su último álbum, ya que fue nombrado ganador en las categorías de Mejor Álbum de Rock Alternativo, Mejor Grabación, Mejor Interpretación y Mejor Canción de Rock en Los premios Grammy.

Este libro es un tributo a David Bowie, y a todas las facetas de este magnífico genio, que son inspiración para varias generaciones. Hemos reunido el trabajo de 41 artistas, que han realizado una o varias ilustraciones de David Bowie, y han expresado en una frase lo que les transmitió este icono reconocido en el mundo entero.

▸ by Marion Kamper

INDEX

▸ by Priscila Floriano

Super Freak

www.super-freak.co.uk
instagram @super___freak

"INNOVATOR"

Super Freak (Dan Whitehouse) is a freelance illustrator based in the UK. His style is driven by bright colours, bold lines and a strong sense of irony. Graduating from Nottingham Trent University with a first class degree in Graphic Design, he has developed a style that goes beyond aesthetics and incorporates a good knowledge of layout, alongside clever thinking.

Super Freak (Dan Whitehouse) es un ilustrador independiente afincado en Reino Unido. Su estilo se caracteriza por los colores brillantes, líneas gruesas y un gran sentido de la ironía. Graduado en Diseño Gráfico por la Nottingham Trent University con la calificación más alta posible, ha desarrollado un estilo que va más allá de la estética e incorpora un buen conocimiento del diseño, unido a una inteligente forma de pensar.

SEE YOU
ON MARS

SPACE ODDITY
PRESTIGE
MAJOR TOM
BOWIE
SEE YOU ON MARS
ZIGGY
TVC15
LET'S DANCE

LET'S
DANCE

Lucas z

www.lucasdavidstudio.com
instagram: @lucasbavid

"ROCK AND ROLL SUICIDE"

Lucas would define his work as sparkling trash represented as visual art, large shiny chunks of vomit ''Kill your idols''.

Lucas definiría su trabajo como una basura brillante representada como arte visual, grandes pedazos resplandecientes de vómito "Mata-ídolos".

LUCAS DAVID 2016

Aaron Wolf

www.awolfillustrations.com

"A MAJOR INFLUENCE ON MY ART AND LIFE"

Having always taken influence and inspiration from anywhere; be it art, music, politics, pop culture and literature, as well as observations of the world. Aaron artwork and his approach is as varied as his subject matter. He see himself as a visual remix artist, reconfiguring his influences into visual representations.

Dejándose influir y buscando la inspiración en cualquier parte: el arte, la música, la política, la cultura popular o la literatura, así como en la contemplación del mundo, las obras de Aaron y su enfoque son tan variados como los temas que trata. Se considera un artista visual ecléctico que reconfigura los elementos que le influyen en representaciones visuales.

Mitch O'Connell

www.mitchoconnell.com

"KING OF KOOL"

"The Prince of Pop Art" Mitch O'Connell is a leader of the "Lowbrow" art movement. Inspired by Pin-ups, hot-rods, comics, sideshows and all things kitsch, cuddly and curvaceous, he takes the vintage and makes it contemporary with his distinctive eye-poping riveting pop art imagery. His work has been featured in magazines from Newsweek to Playboy, used in the world of rock 'n' roll with groups from The Ramones to Moby, utilized in advertising campaigns for major companies from McDonalds to Coca-Cola and his fine art paintings have been exhibited in sold-out gallery shows from New York to Berlin, Tokyo to Miami and Hollywood to Mexico City. His tattoo flash is a fixture on the walls of tattoo shops around the word with many of the designs collected in two books "Mitch O'Connell Tattoos Volume 1 and 2". His newest book, "Mitch O'Connell, the World's Best Artist by Mitch O'Connell" has been declared- "A pop surrealist and low-brow luminary... an over-the-top, kitschy, vibrant mood-elevating coffee table book!" -*Huffington Post.*

Mitch O'Connell es uno de los líderes del movimiento artístico "Lowbrow". Inspirado por el estilo pin-up, los hot-rods, los cómics, las representaciones secundarias y cualquier cosa kitsch, tierna y voluptuosa, utiliza lo clásico para convertirlo en contemporáneo con su característica, fascinante y atractiva imaginería pop art. Su trabajo ha formado parte de revistas como Newsweek o Playboy, ha sido utilizado en el mundo del rock 'n' roll por grupos como Los Ramones o Moby, y ha sido incluido en campañas publicitarias de grandes compañías como McDonalds o Coca-Cola. Asimismo, sus pinturas artísticas se han expuesto en galerías de Nueva York, Berlín, Tokio, Miami, Hollywood o Ciudad de México, entre otros lugares, en las que se ha vendido la totalidad de las obras. Sus diseños para tatuaje, muchos de los cuales se han recopilado en los libros "Mitch O'Connell Tattoos Volume 1" y "Mitch O'Connell Tattoos Volume 2", decoran las paredes de estudios de tatuaje de todo el mundo. Su libro más reciente, "Mitch O'Connell. The World's Best Artist by Mitch O'Connell", ha sido definido por *The Huffington Post* como "¡Una luminaria popular, surrealista y lowbrow... Un libro de salón superior, kitsch, vibrante y motivante!".

STARMAN

Vicente Valentine

vicentevalentine.tumblr.com
www.behance.net/vicentevalentine

"SPACE DIAMOND"

Vicente is from the city of São Paulo, Brazil. He is currently working as a designer and his dream is to be able to work full time as an illustrator... Drawing since the age of 7, Vicente has a very special weakness and a special affection for David Bowie.

Vicente procede de São Paulo, Brasil. Actualmente trabaja como diseñador, aunque su sueño es llegar a dedicarse totalmente a la ilustración... Aficionado al dibujo desde los 7 años, Vicente tiene gran afecto y especial predilección por David Bowie.

André Rodrigues

@don_rodrigues

"HE (WAS) IS REALLY AN ALIEN"

André Rodrigues has been teaching drawing for 22 years and he has been a tattoo artist for 15 years. You can see his works in instagram.

André Rodrigues ha enseñado dibujo durante 22 años y lleva 15 realizando tatuajes. Sus obras están disponibles en Instagram.

Joe Wilson

www.joe-wilson.com

"IS A LIFE TO ADMIRE AND ASPIRE TO"

Joe Wilson is a UK based Illustrator specialising in detailed, hand-drawn illustration. With a combination of pencil, ink and digital colour, Joe's work takes form as a hybrid of the traditional and contemporary. Joe's unique style attracts a variety of work ranging from full media advertising campaigns to limited run screen prints.

Joe Wilson, de Reino Unido, es un ilustrador especializado en una ilustración detallada y manual. Combinando lápiz, tinta y color digital, la obra de Joe toma forma como un híbrido entre lo tradicional y lo contemporáneo. El estilo único de Joe encaja para gran variedad de trabajos, desde campañas publicitarias para cualquier medio hasta serigrafías de edición limitada.

Nicholas Redfunkovich

redfunkovich.com

"MEATSPACE PIONEER"

Nicholas is a Seattle based UI designer by day and Photoshop freak by night. He mostly focuses on digital illustration and photo composite works that generally have some kind of association with either space, religion, or popular culture.

Nicholas, con residencia en Seattle, es diseñador de interfaces de usuario por el día y friki de Photoshop por la noche.
Se centra principalmente en obras de ilustración digital y composición fotográfica que por lo general están asociadas de algún modo con el espacio, la religión o la cultura popular.

MAJOR TOM
NASA

Marcello Castellani

www.marcellocastellani.co

"FASHION KILLA"

text by Anna Adell - Setdart - Barcelona

We are presented with a parade of frayed faces as if their skin had the texture of woollen fabric. Only the eyes and mouths retain some of their integrity. The rest of the features have gone through a transmutation, at times animalistic like that of a wolf man, and on other occasions some form of pseudo-cybernetic dissolution. These are portraits that in a way combine the legacy of Giacometti (the existential drama concentrated in a face) together with the overthrow of the ideal of a single identity in the wake of the digital revolution. Those figures in which Giacometti expressed the search for meaning within the abyss of loneliness, human forms unraveling into spirals, scratches and scrawls, reemerging in the digital universe as the failed promises of filling the existential void with reprogrammable codes.

Pone a desfilar rostros deshilachándose como si su piel tuviera la textura de un tejido de lana. Únicamente los ojos y la boca conservan cierta integridad. El resto sufre una transmutación que en ocasiones tiende a la animalización a modo de hombres-lobo, y en otras deriva en una disolución seudo-cibernética. Son retratos que de algún modo ponen en relación el legado de Giacometti (el drama existencial concentrado en un rostro) y el derrocamiento del ideal de identidad unitaria inferido de la revolución digital. Aquellas figuras en las que Giacometti descargó la búsqueda de algún sentido en los abismos de la soledad, formas humanas desenhebrándose en espirales, rayones y garabatos, resurgieron en el universo digital como promesas fallidas de llenar el vacío existencial con códigos reprogramables.

Vin Ganapathy

vinganapathy.com

"ZIGGY STARDUST"

Vin is an artist and illustrator living in Brooklyn, NY. He draws on multiple influences that inform his imagery and work. Mixing pen, pencil and paint, Vin's illustrations are marked by fine, almost-frail line work and sudden bursts of color. Taking slice-of-life inspiration from the city around him, his drawings are strangely kinetic and eerily true-to-life.

Vin es un artista e ilustrador que vive en Brooklyn, Nueva York. Su imaginería y obra se basan en diversas influencias. Combinando bolígrafo, lápiz y pintura, las ilustraciones de Vin se caracterizan por sus finas, casi invisibles, líneas y explosiones repentinas de color. Inspirándose en la vida cotidiana de la ciudad que le rodea, sus dibujos son extrañamente cinéticos e inquietantemente realistas.

Marion Kamper

www.marionkamper.com
instagram: @marionkamper

“BEING BRAVE ENOUGH TO BE WHO YOU ARE”

Marion Kamper is an Austrian illustrator and hand lettering artist with a focus on analog drawing techniques and print design. She is a graduated communication designer from University of Applied Sciences in Graz, Austria. Besides colourful portraits, her work features detailed illustrations and distinctive handmade typography which she likes to incorporate in graphic design projects.

Marion Kamper es una ilustradora y artista de caligrafía austriaca que se centra en técnicas de dibujo analógicas y diseño de impresión. Es graduada en Diseño de Comunicación por la Universidad de Ciencias Aplicadas de Graz, Austria. Además de por coloridos retratos, su obra está formada por ilustraciones detalladas y características tipografías manuales que adora incorporar en proyectos de diseño gráfico.

Christopher Nash

www.nashdraws.com
instagram: @nashdraws_illustration

"THE THIN WHITE DUKE, AN UNPARALLELED MASTER OF INNOVATION"

Christopher Nash is an illustrator from Preston, England. Armed only with a handful of trusted pencil crayons and a backing soundtrack of jazz & prog rock, he sets about creating images formed of sharp, irregular lines and erratic bursts of vivid colour.

Christopher Nash es un ilustrador de Preston, Inglaterra. Armado sólo con un puñado de sus adorados lápices de colores y con jazz & rock progresivo como música de fondo, crea imágenes formadas por líneas nítidas e irregulares y ráfagas erráticas de colores vivos.

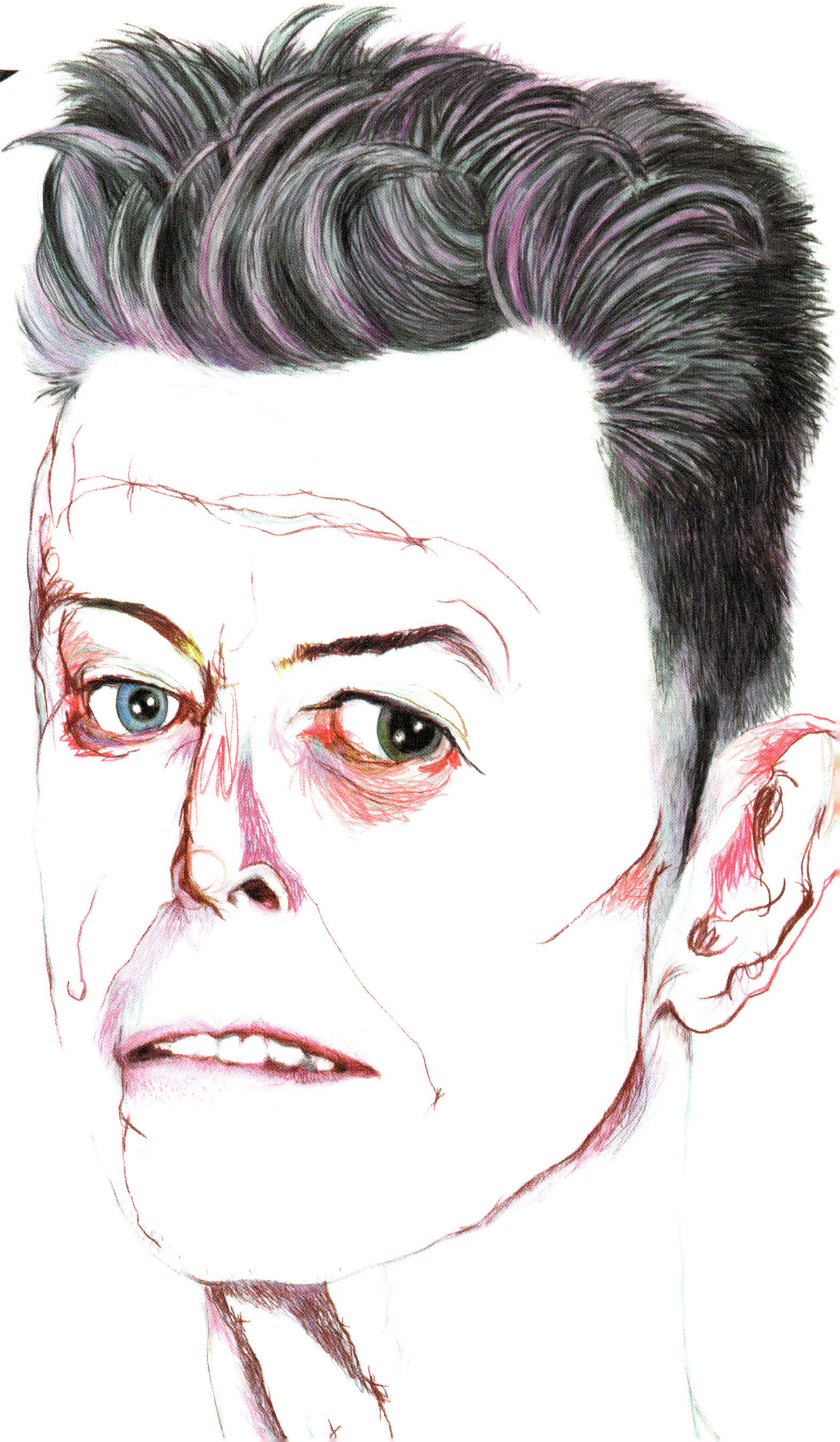

Erika Rossi

erikarossi.net

"SERENDIPITY"

Erika Rossi was born in Italy in 1986, currently based in Barcelona. She is an interaction and UX designer with several years of experience in the digital realm. But...whenever she cans, she draws. Her interests spans from graphic design and storytelling to any form of art and, mostly, illustration as one of the tool she uses to visualise her ideas. Things that she loves: swing dance, palm trees, cats, pistacho ice-cream and bloody-thirsty TV series. Things that she cannot stand: moaners, rain, pickles and rats (She is not a big fan of farm birds either).

In 2011, Erika graduated at Iuav's MA in Visual and Multimedia Communication, specialising in Interaction Design with a project called "I Mirabilia" consisting of three interactive dolls for hospitalized children. This project gained several international prizes such as: Braun Prize 2012, ICSR 2011 (international conference on social robotics), Adobe Design Achievement Awards 2011 and more. It has also been presented at TEDx Salzburg and Ambience 11 (international conference about smart textile, Sweden).

Erika Rossi nació en Italia en 1986, aunque actualmente vive en Barcelona. Es diseñadora de interacción y experiencia del usuario con años de experiencia en el mundo digital. Pero siempre que puede, dibuja. Sus intereses van desde el diseño gráfico y la narración hasta cualquier forma de arte, sobre todo la ilustración, como herramienta para visualizar sus ideas. Cosas que le encantan: bailar swing, las palmeras, los gatos, el helado de pistacho y las series de TV sangrientas. Cosas que no soporta: a los quejicas, la lluvia, los pepinillos y las ratas (aunque tampoco le apasionan las aves de corral).

En 2011, Erika completó un Máster en Comunicación Visual y Multimedia en la Iuav, especializándose en Diseño de Interacción con un proyecto titulado "I Mirabilia", compuesto por tres muñecas interactivas para niños hospitalizados. Este proyecto recibió varios premios internacionales, entre ellos el Premio Braun 2012, el ICSR 2011 (conferencia internacional sobre robótica social), el Premio Adobe Design Achievement Awards 201, etc. Además, ha sido presentado en TEDx Salzburgo y Ambience 11 (conferencia internacional sobre textiles inteligentes celebrada en Suecia).

Francisco Javier Olea

franciscojavierolea.com

"IT IS AN EMOTIVE AND AESTHETIC MEMORY"

Designer of the Pontificia Universidad Católica de Chile. Since 1999 he has worked as an art director on the *El Mercurio* newspaper where he has consolidated his career as an illustrator.

He is one of the founders of the Siete Rayas illustrators collective. Since 2007 he has lead an illustration workshop together with Alberto Montt, with whom he has also exhibited together at a number of shows. He has worked commercially with various brands and published six books: *Capítulo 33*, produced together with Paloma Valdivia (Ediciones B), *Mal de amores* (Ediciones B), *Manual de Estilo* (Mercurio-Aguilar), *Lecciones de Glamour* (Mercurio-Aguilar), *¿Y usted, quién es?* (Ediciones B) and *Pasado, presente y ausente* (Sexto Piso). He has also provided the illustrations for a number of children's book and become well known for his humorous graphic style.

Winner of the Premio Altazor (Chilean Arts Awards) in 2012 in the Design and Illustration category.

Diseñador de la Pontificia Universidad Católica de Chile. Desde 1999 trabaja como diseñador en el diario *El Mercurio*, espacio en que se ha consolidado como ilustrador.

Es uno de los fundadores del colectivo de ilustradores Siete Rayas. Desde 2007 dicta un taller de ilustración junto a Alberto Montt con el que además ha expuesto obras a cuatro manos en varias muestras. Ha desarrollado trabajos para varias marcas comerciales y publicado seis libros como autor: *Capítulo 33*, creado junto a Paloma Valdivia (Ediciones B), *Mal de amores* (Ediciones B), *Manual de Estilo* (Mercurio-Aguilar), *Lecciones de Glamour* (Mercurio-Aguilar) *¿Y usted, quién es?* (Ediciones B) y *Pasado, presente y ausente* (Sexto Piso). Además ha colaborado con sus ilustraciones para numerosos libros infantiles y desarrollado un reconocido trabajo en el humor y la reflexión gráfica.

Ganador del Premio Altazor (Premio a las Artes en Chile) en 2012 en la categoría Diseño e Ilustración.

BO
WIE

Helen Green

www.helengreenillustration.com
@HelenGreeen

"I HAVE A LOT TO THANK HIM FOR"

Helen Green is an illustrator based in Birmingham, UK. After graduating from Birmingham City University in 2014 (with a First Class BA Hons in Illustration) she started working freelance, and has been commissioned by a variety of clients such as *Time magazine*, Tumblr, Studio Canal, Espn Fc and *Wired UK*. Helen specialises in portraiture, usually related to the music she enjoys. Her portraits are created in pencil and watercolour, often combined with digital techniques.

Helen Green es una ilustradora residente en Birmingham, Reino Unido. Después de graduarse en la Birmingham City University en 2014 (con matrícula de honor en Ilustración), comenzó a trabajar de manera independiente para diversos clientes como la revista Time, Tumblr, Studio Canal, Espn Fc y Wired UK. Helen está especializada en la realización de retratos, por lo general relacionados con la música que le gusta. En sus retratos utiliza lápiz y acuarela, a menudo combinados con técnicas digitales.

DAVID
BOWIE

HGreen

I'M
A
I'M
A

LOVING THE ALIEN

HELEN GREEN

Sara Bøgh

www.boghstudios.com

"DAVID BOWIE HAS ALWAYS BEEN A HUGE INSPIRATION TO ME. HE WAS ONE OF THE MOST COMPLETE AND OUTRAGEOUS ARTISTS OF OUR TIME, WITH A MASSIVE INFLUENCE ON ART, DESIGN, AND FASHION, ALL OVER THE WORLD. I FIND INSPIRATION IN HIS ECCENTRICITIES, WIT, ODDNESS, AND INNOVATIVE HARD WORK"

Sara Bøgh is a Danish Canadian artist who loves to explore the odd and eccentric. Her work spans from goofy to mature, and she finds inspiration in myths, relations, and the personalities found in our wild universe. Characters and scenarios come to life in her home studio in Copenhagen.

Sara Bøgh es una artista daneso-canadiense a la que le encanta explorar lo extraño y excéntrico. Su obra va del ridículo a la madurez, inspirándose en mitos, relaciones y en las personalidades presentes en nuestro universo salvaje. Personajes y escenarios cobran vida en su estudio doméstico de Copenhague.

Stanley Chow

www.stanleychow.co.uk
instagram/twitter: @stan_chow

"WHAT BOWIE ALWAYS DID WAS TO TRY DIFFERENT THINGS, ALWAYS MOVING FORWARD, ALWAYS PROGRESSING. SOMETIMES WITH GREAT SUCCESS, SOMETIMES WITH LESS. REGARDLESS OF SUCCESS, THIS IS WHAT ALL CREATIVE PEOPLE SHOULD ASPIRE TO ACHIEVE"

Stanley is from Manchester, he is a freelance illustrator with over 20 years experience. His work is mainly portrait based. In 2008 the work he did for the White Stripes was nominated for a Grammy Award… since then his portraits have been featured regularly in *The New Yorker, Wired, GQ* and *Time magazine.*

Stanley, de Manchester, es un ilustrador independiente con más de 20 años de experiencia. Su obra se basa principalmente en el retrato. En 2008, la obra realizada para The White Stripes fue nominada a los premios Grammy... Desde entonces, sus retratos aparecen con frecuencia en las revistas *The New Yorker, Wired, GQ* y *Time.*

The london police

www.thelondonpolice.com

"WE CHOSE BOWIE BECAUSE OF HIS DRIVE TO CREATE ART THAT INSPIRES AND POSITIVELY AFFECTS OTHERS"

The london police started in 1998 when big english geezers headed to Amsterdam to help rejuvenate the visually disappointing streets of Hollands capital. They were part of a small group of artists at the end of the last century that helped pioneer a new street art movement.

After a few years of mixing traveling and making art in the street TLP began to receive Worldwide recognition for their contribution to the graffiti/street art movement. They were included in many of the books documenting the scene and invited for shows and live drawing performances all over the globe. Their street work continues to pop up everywhere they go.

Since 2009 TLP has concentrated on more intense canvas work, on bigger solo shows and largescale mural projects.

TLP are Chaz Barrisson who draws the iconic 'LADS' characters and Bob Gibson whose tight portrait and architectural illustrations help marry the two styles to create an endearing, exciting fantasy world.

Never be scared, don't be a hero and let the good times roll!

The London Police vio la luz en 1998 cuando los grandes veteranos ingleses pusieron rumbo a Ámsterdam para ayudar a rejuvenecer las calles visualmente decadentes de la capital holandesa. Fueron parte de un pequeño grupo de artistas que a finales del siglo pasado ayudaron a liderar un nuevo movimiento de arte callejero.

Tras unos años combinando viajes y arte en la calle, TLP comenzó a recibir reconocimiento mundial por su contribución al movimiento del graffiti/arte callejero. Han sido incluidos en muchos de los libros que documentan este tipo de arte e invitados a exposiciones y espectáculos de dibujo en vivo de todo el mundo. Su obra callejera sigue apareciendo allá donde van.

Desde 2009, TLP se ha concentrado de manera más intensa en la obra sobre lienzo, exposiciones individuales de mayor envergadura y proyectos murales a gran escala.

TLP está formado por Chaz Barrisson, que dibuja los icónicos personajes 'LADS', y Bob Gibson, cuyos fieles retratos e ilustraciones arquitectónicas ayudan a unir los dos estilos para crear un entrañable y emocionante mundo de fantasía.

¡Nunca tengas miedo, no seas un héroe y deja que los buenos tiempos transcurran!.

Tracy Mattocks

tracymattocks.com

"IN THE SIMPLEST TERMS, HE WAS A PIONEER AND AN ICON"

Tracy is an artist and illustrator with a passion for creating joy through her art -- and hopefully bringing a smile to people's faces. She hopes that her work continues to evolve through exploration and life experiences.

Tracy es una artista e ilustradora con pasión por crear alegría a través de su arte, y con suerte dibujar una sonrisa en la cara del espectador. Espera que su obra continúe evolucionando mediante exploración y experiencias vitales.

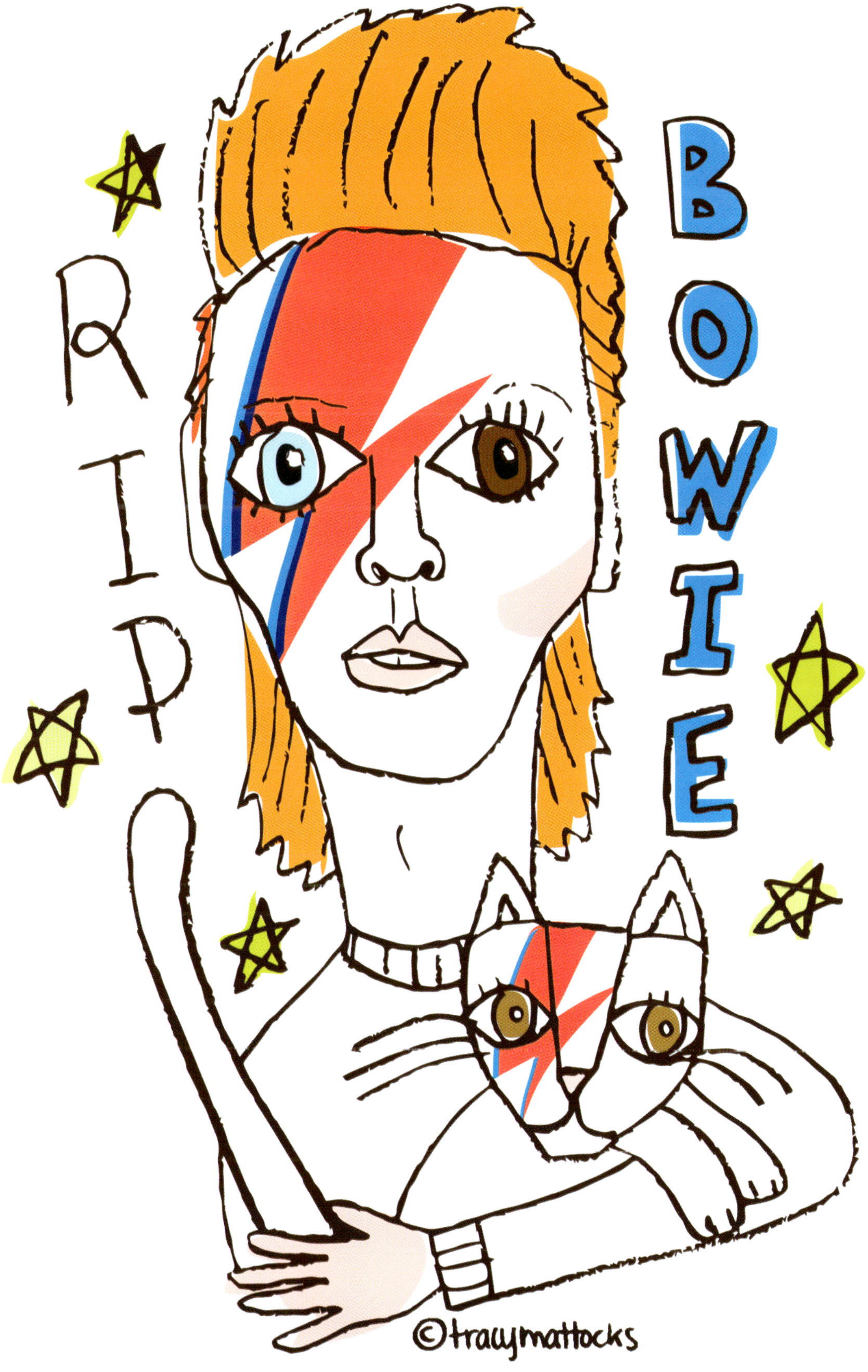
RIP
BOWIE
©tracymattocks

Agu Méndez

srsleepless.com
sleepydays.es

"BOWIE PROVIDED THE SOUNDTRACK FOR ALL THOSE SUMMER NIGHTS WHEN US "WEIRD KIDS" USED TO LOOK UP AT THE STARS AND IMAGINE ESCAPING TO OUR OWN SPACE ODYSSEY"

Some kids dream of being Rock Stars while others simply want to draw them. Those sleepless nights were witness to his most precocious work, accomplices in the stories that for years this boy from Malaga would churn out while others slept, filling his exercise books with dreams, thoughts and ink, endless ink. Ever restless and aware of his errors as well as his successes, he finally decided that all he wanted to do in this life was to draw. He continued to work at night but could now also pursue his passion during the daytime and his talent finally took on colour and saw the light.

Sr Sleepless (Agu Méndez) co-founder of the GaussMultimedia Design School and creator of the Sleepydays blog, combines his time between his two main passions, teaching and creating stories, in whatever form. But if he had to choose, he would devote himself to his first love, which is drawing.

Hay niños que quieren ser estrellas de Rock y otros que sólo quieren dibujarlas. Las noches en blanco fueron testigo de su obra más precoz, cómplices de historias que durante mucho tiempo llenaron las páginas de cuadernos en los que ese niño de Málaga vomitaba, mientras todos dormían, pensamientos, sueños y tinta, mucha tinta. Corazón inquieto, culpable de sus errores y aciertos, renunció un día a lo socialmente correcto y decidió que sólo quería dibujar. Siguió dibujando de noche, pero también lo hizo de día. Y fue entonces cuando su verdadera pasión vio la luz y todo se llenó de color.

Sr Sleepless (Agu Méndez) cofundador de la Escuela de Diseño GaussMultimedia y creador del blog Sleepydays, compagina sus dos pasiones principales a tiempo completo, la docencia y la creación de historias, cualquiera que sea su forma, pero si hay que elegir, que sea dibujando.

SR.
SLEEP
LESS.

Lauren O' Neill

www.laurenipsum.ie

"I'LL ALWAYS ASSOCIATE HIM WITH FOND MEMORIES OF MY DAD"

Lauren O'Neill is an Irish illustrator living and working in Dublin city. Her diverse style is a mixture of traditional and digital media, combining detailed line with bold colour palettes. The human figure is what inspires her most, and her work can be found anywhere from advertising campaigns to children's books.

Lauren O'Neill es una ilustradora irlandesa que vive y trabaja en la ciudad de Dublín. Su variado estilo mezcla medios tradicionales y digitales, combinando líneas detalladas con una paleta de colores atrevidos. La figura humana es lo que más le inspira, y su obra se puede encontrar en cualquier parte, desde campañas publicitarias hasta libros infantiles.

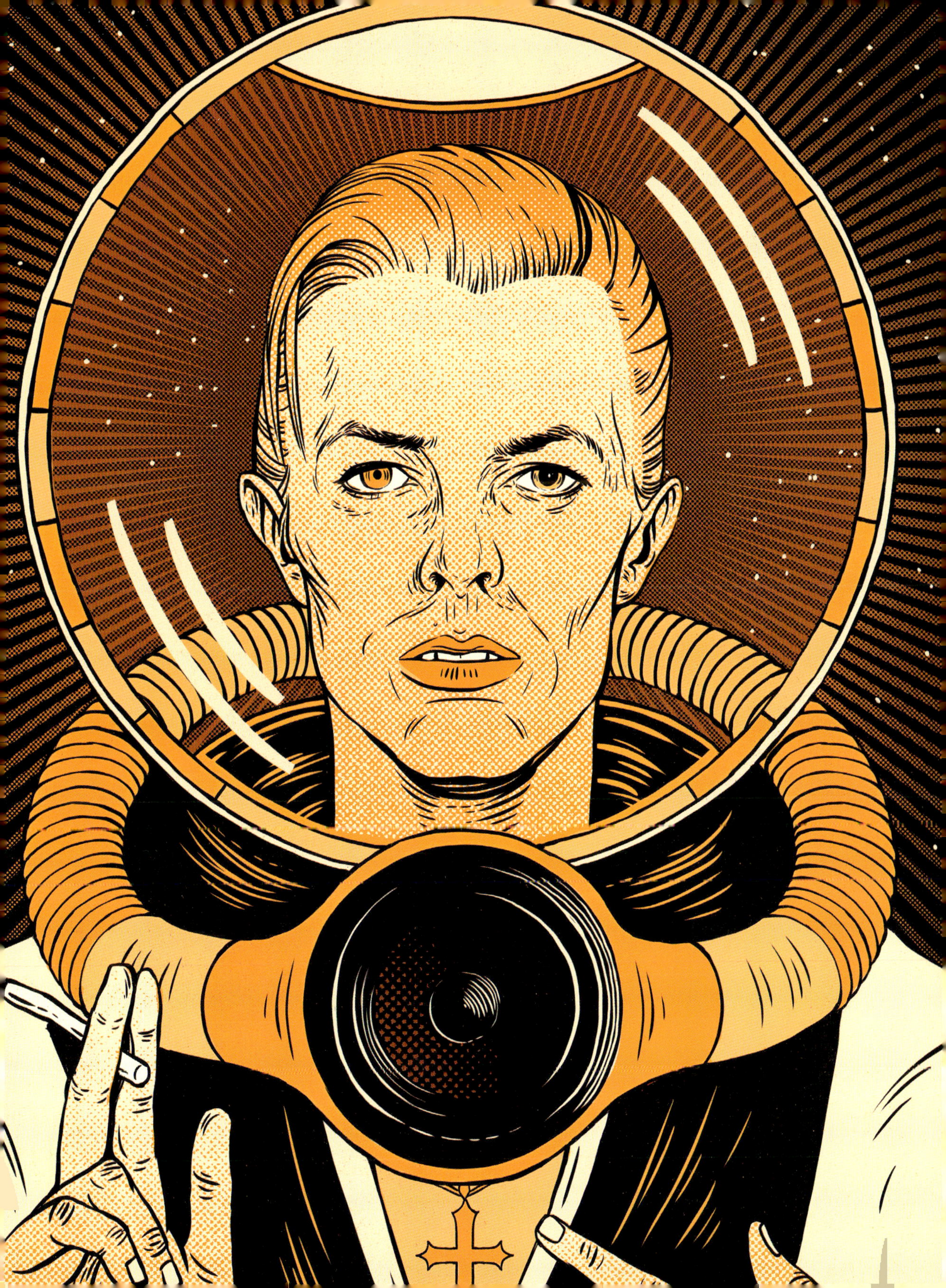

Berkay Daglar

www.berkaydaglar.com

"BOWIE WAS THE ONE WHO LED THE CHANGE WITH VERY GOOD PACE"

Berkay Daglar is an illustrator and poster artist based in Istanbul. His works include motion design, print design and concept design.

Berkay Daglar es un ilustrador y artista de carteles afincado en Estambul. Sus obras incluyen diseño de movimiento, diseño de impresión y diseño conceptual.

Alvaro Tapia Hidalgo

www.alvarotapia.com

"GENIUS, ART, CUTTING EDGE, INSPIRATION"

Alvaro Tapia Hidalgo is a graphic designer and illustrator currently based in Viña del Mar, Chile.

His illustration work uses a combination of traditional techniques and digital image processing.

He has collaborated with print media such as *The New Yorker, Rolling Stone, ESPN, Wired, Newsweek*, etc.

Alvaro Tapia Hidalgo es un diseñador gráfico e ilustrador con sede en Viña del Mar, Chile.

Su trabajo de ilustración utiliza una combinación de técnicas tradicionales, con acabados digitales.

Ha colaborado con diferentes medios como *The New Yorker, Rolling Stone, ESPN, Wired, Newsweek*, etc.

Kaz Oomori

www.tunegrafik.com
www.behance.net/kazoomori

"SUPER STAR"

Kaz Oomori was born in 1967 in Osaka. He was fond of painting since he was a child. After being graduated at Nara college of Arts he worked in a illustration and design production company. Later, while studying at the Minneapolis college of the Art & Design in the United States, for about four years, he worked as an illustrator for advertising. And now back to Japan, Kas has founded Tune graphics.

Work done in collaboration with Poster Posse.

Kaz Oomori nació en 1967 en Osaka. Aficionado a la pintura desde que era niño, tras graduarse en la Nara College of Arts trabajó en una compañía de producción de diseño e ilustración. Más tarde, mientras estudiaba en la Minneapolis College of Art & Design, en Estados Unidos, y durante aproximadamente cuatro años, trabajó como ilustrador de publicidad. De regreso a Japón, Kas fundó Tune Grafik.

Ha realizado colaboraciones con Poster Posse.

KAZ

You Jung Byun

youbyun.com

"A CONNECTOR"

Artist and author You Jung Byun draws fanciful landscapes that capture unworldly mystery with strange beasts and lost children. The entranced worlds are playful and detailed but with a certain somberness. She wrote and illustrated a picture book *Dream Friends* (Penguin Random House) which was inspired by moving around during her adolescence.

Artista y autora, You Jung Byun, dibuja paisajes de fantasía que capturan misterios de otro mundo llenos de extrañas bestias y niños perdidos. Sus fascinantes mundos son divertidos y detallados, pero también tienen un toque sombrío. En el libro que ha escrito e ilustrado, *Dream Friends* (Penguin Random House), se inspiró en los viajes realizados durante su adolescencia.

YOU
BYUN

Dung Hoang

shaolinfury.com

“INNOVATOR”

Dung Hoang’s rich textural illustrations have graced the pages of numerous publications. Like many illustrators, he began drawing at an early age. But it wasn’t until a few years ago that he decided to illustrate professionally. Trained as a graphic designer and art director for over a decade, Dung’s work has been recognized by various organizations, including Aiga, Communication Arts, The One Show, The Addys, Graphis, Print, Case and the Society of Publications. His work is also in the permanent collection of the Library of Congress.

With a penchant for all things discarded, such as old textbooks, thrown-away ephemera, and wood type, Dung will often combine them into his work. He uses printmaking and traditional fine arts techniques seamlessly with digital processes to give his work a worn, weathered look.

Las ilustraciones ricas en texturas de Dung Hoang han adornado las páginas de numerosas publicaciones. Como muchos ilustradores, comenzó a dibujar a una edad temprana, pero no decidió ilustrar de manera profesional hasta hace tan solo unos años. En formación como diseñador gráfico y director artístico durante más de una década, la obra de Dung ha recibido reconocimiento de diversas organizaciones, entre ellas Aiga, Communication Arts, The One Show, The Addys, Graphis, Print, Case y la Society of Publications. Su obra forma además parte de la colección permanente de la Biblioteca del Congreso.

Con inclinación hacia cualquier cosa abandonada, como viejos libros de texto, recuerdos desechados y objetos de madera, Dung a menudo hace uso de estos en su obra. Para dar a su trabajo un aspecto desgastado y envejecido, con frecuencia utiliza el grabado y las técnicas tradicionales de bellas artes combinados con procesos digitales.

Daria Theodora

www.xintheodora.com

"I DEPICTED HIM AS THE STAR MAN HE IS"

Daria Theodora is a semi-hermit illustrator drawing things from the cute to the pretty or the weird in her cave in Boston suburb. Her works have been featured in *ImagineFX*, *Illustration Age*, and *Sila West 54*. She won a gold award in the Gallery category in Sila West 55. She draws to eat desserts.

Daria Theodora es una ilustradora semiermitaña que dibuja cosas tan hermosas como extrañas en su cueva de las afueras de Boston. Sus obras se han presentado en *ImagineFX*, *Illustration Age* y *Sila West 54*. En Sila West 55 obtuvo el premio de oro a la categoría Galería. Dibuja para tomar postres.

Nicholas Barclay

www.nickbarclaydesigns.com

"DAVID BOWIE TRANSCENDED CREATIVE FIELDS, HE INFLUENCED ALL SECTORS OF DESIGN AS MUCH AS HE DID MUSIC"

Nicholas Barclay is a designer in Sydney Australia.

He likes his work to be simple and informative and hold an idea. He likes to challenge himself to break something down to a simple form that looks like art work but also has a little information in it. Nicholas tries to keep his work fun and he likes people to have that "ah" moment when they understand what it is.

Nicholas Barclay es diseñador en Sídney, Australia.

Le gusta que sus obras sean simples, informativas y representen una idea. Adora ponerse desafíos y descomponer las cosas hasta formas simples con aspecto de obra de arte, pero que a su vez tengan un cierto contenido informativo. Nicholas intenta que su obra sea divertida y le gusta que la gente tenga ese momento de asombro cuando descubren de qué se trata.

1.Watch That Man
2.Aladdin Sane
3.Drive In Saturday
4.Panic in Detroit
5.Cracked Actor
6.Time
7.The Prettiest Star
8.Let's Spend the Night Together
9.Jean Genie
10.Lady Grinning Soul

Release: 13/04/73
Artist: David Bowie
Label: RCA Records

www.nickbarclaydesigns.com

05.

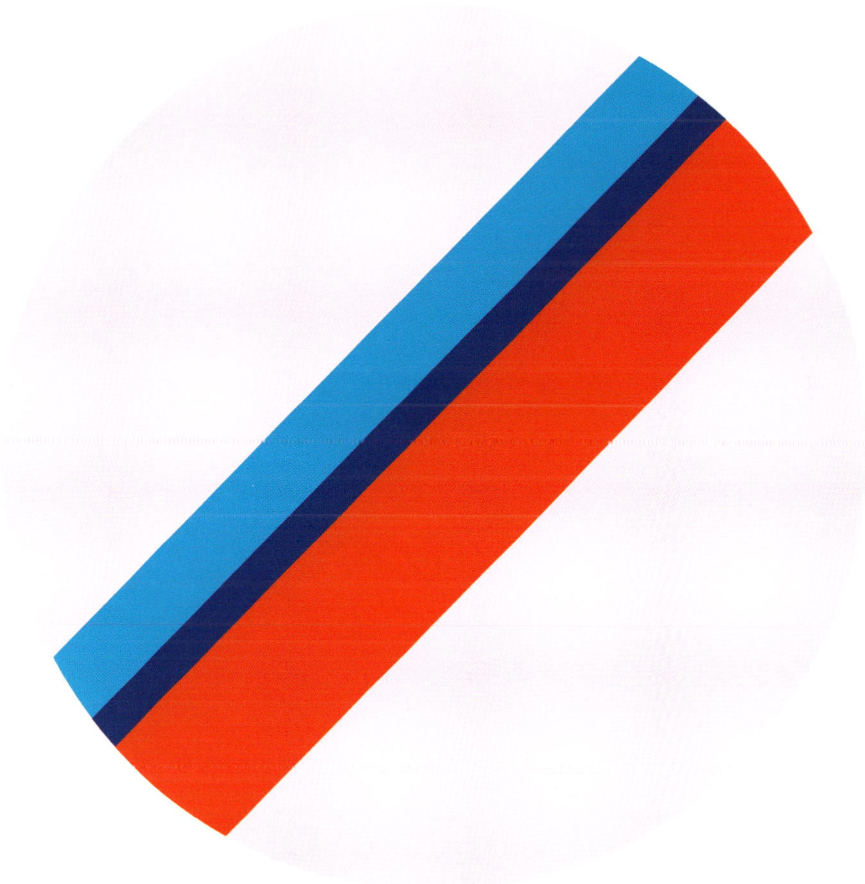

Ben Mcleod

benmcleodillustration.tumblr.com

"DAVID BOWIE WAS ALWAYS ONE STEP AHEAD CREATIVELY"

Ben is a UK based illustrator, using a variety of hand drawn/painted/scanned in elements and textures, composed digitally. He has a rough around the edges, cut up way of working to create a more hand made feel to his work. More of a digital collage, picking out highlights and detail with a slightly abstract look.

Ben es un ilustrador afincado en Reino Unido que utiliza diversidad de elementos dibujados a mano/ pintados/ escaneados y texturas compuestas digitalmente. Su irregular y poco frecuente manera de trabajar busca que su obra ofrezca un aspecto más manual. Más parecido a un collage digital, incluye elementos destacados y detalles con una apariencia ligeramente abstracta.

Jeremyville

www.jeremyville.com
Instagram: @Jeremyville

"FOLLOW YOUR OWN PATH, BE TRUE TO THE ESSENCE OF YOU, AND STAY TRUTHFUL TO WHO YOU ARE AS AN ARTIST AND A HUMAN BEING"

Jeremyville is a New York based artist with an Architecture degree from Sydney University. He shares his 'Community Service Announcements' messages with the world, and on the streets of New York City, via his street newspaper *Jeremyville RAW*. His studio is based in an historic brownstone in Brooklyn, and he grew up by the ocean in Wonderland Avenue in Tamarama, a beachside suburb of Sydney Australia.

Jeremyville has been exhibited at the Andy Warhol Museum in Pittsburg, La Casa Encendida Museum in Madrid, the Madre Museum in Napoli, Colette in Paris, The Museum of Art and Design in NYC, The Cooper Hewitt, HOCA in Hong Kong, Cappellini in NYC, the 798 Arts District in Beijing, and is in many private collections around the world.

Jeremyville is the co-founder of Studio Jeremyville, and has created projects for Disney, Converse, Mercedes-Benz, Adidas, The Standard Hotels, Swatch, Kiehl's, Uniqlo, LeSportsac, Urban Outfitters and Volkswagen.

Jeremyville es un artista afincado en Nueva York y licenciado en Arquitectura por la Universidad de Sídney. Comparte sus "Anuncios de servicio a la comunidad" con el mundo y en las calles de Nueva York a través de su periódico callejero *Jeremyville RAW*. Su estudio se encuentra en un histórico edificio de Brooklyn, y pasó su infancia junto al océano, en Wonderland Avenue, Tamarama, un barrio costero de las afueras de Sídney, Australia.

Jeremyville ha expuesto sus obras en el Museo Andy Warhol de Pittsburg, La Casa Encendida de Madrid, el Museo Madre de Nápoles, Colette en París, el Museo de Arte y Diseño de Nueva York, The Cooper Hewitt, HOCA en Hong Kong, Cappellini en Nueva York o 798 Arts District en Pekín, además de formar parte de muchas colecciones privadas de todo el mundo.

Jeremyville es cofundador de Studio Jeremyville y ha creado proyectos para Disney, Converse, Mercedes-Benz, Adidas, The Standard Hotels, Swatch, Kiehl, Uniqlo, LeSportsac, Urban Outfitters y Volkswagen.

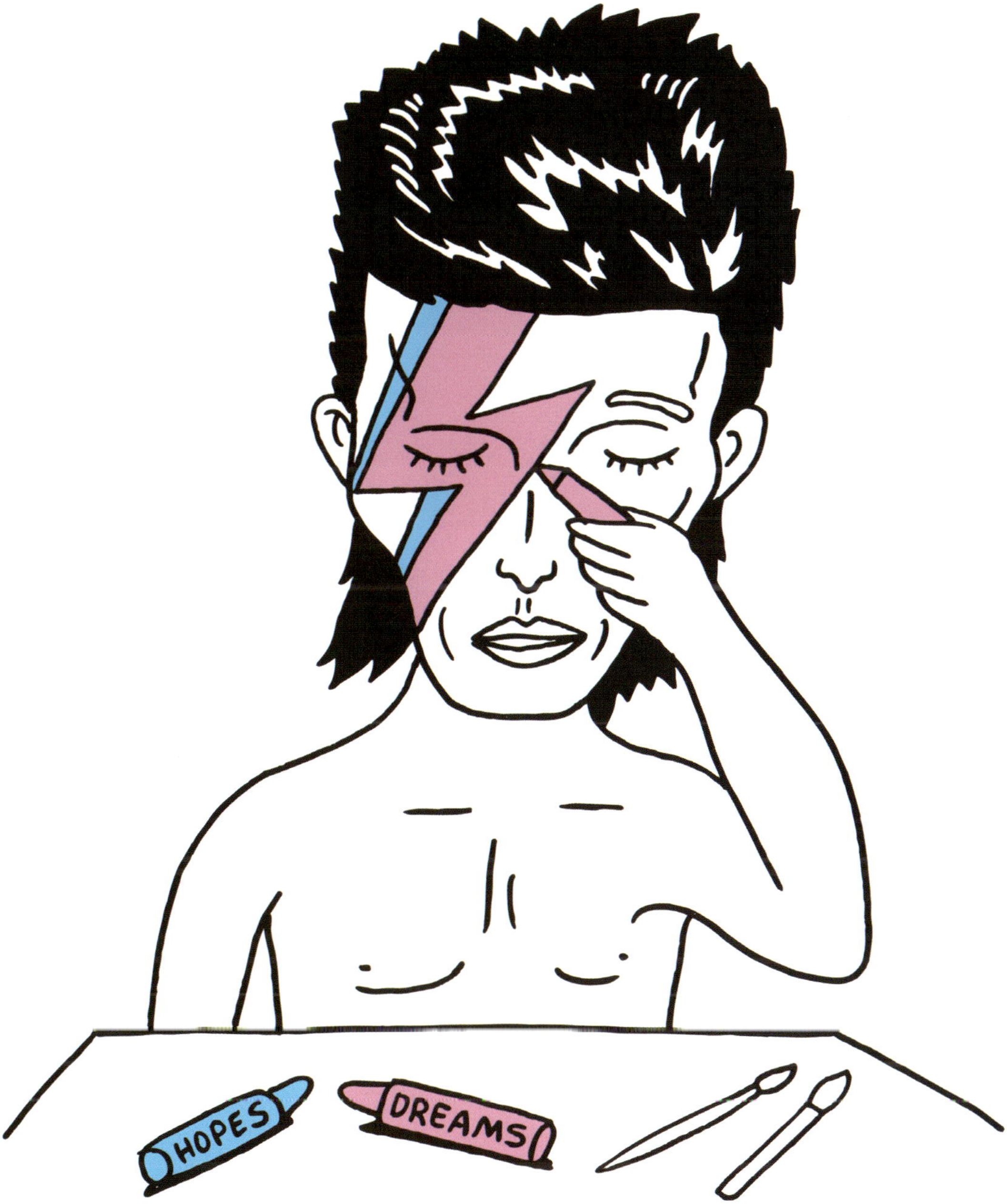

REINVENT YOURSELF.

THIS HAS BEEN A JEREMYVILLE COMMUNITY SERVICE ANNOUNCEMENT.

Paco Cachadas

www.pacocachadas.com

"THE PURSUIT"

After graduating in Fine Art from the University of Murcia, Pacp accepted various scholarship grants to continue studying in Rome, Barcelona, Brazil and Puerto Rico. His interest in art really began when he was a teenager and was encouraged by his mother. Paco's painting are entirely figurative and based on the natural world, which he combines with the world of tattoo art where he has specialized in the dot work style together with his own designs.

Licenciado en Bellas Artes por la Universidad de Murcia, becado a nivel internacional para cursar estudios en Roma, Barcelona, Brasil y Puerto Rico, su interés por el arte comienza en su adolescencia impulsado por su madre. Su pintura es integramente figurativa y del natural, la cual compagino con el mundo del tatuaje donde se ha especializado en el estilo dot work con sus propios diseños.

Stephen Cheetham

stephencheetham.com

"ZIGGY"

Stephen is an English illustrator, currently based in the Italian city of Bologna. What makes his style instantly recognisable is his various styles of character that pop up in most of his work, often accompanied by vivid colours and a splash of humour. He has worked for various clients including Uniqlo, Nike, Amazon and Google to name a few.

Stephen es un ilustrador inglés, actualmente afincado en la ciudad italiana de Bolonia. Lo que hace que su estilo sea reconocible al instante son los variados estilos de personajes que aparecen en la mayor parte de sus obras, a menudo acompañados de colores vivos y un toque de humor. Ha trabajado para diversos clientes, entre ellos Uniqlo, Nike, Amazon y Google, por nombrar unos pocos.

CranioDsgn

craniodsgn.es

"SINGULAR"

CranioDsgn (Alex) is a vector illustrator and graphic designer. He works as a freelance for magazines, fashion brands and a wide range of different studios, agencies and all kind of clients, Nike, Espn, Red Bull, Warner Bros, *Newsweek*, *Forbes*, *Variety*, *GQ France*, Fast Company and The Hollywood reporter among others.

CranioDsgn (Alex) es ilustrador de vectores y diseñador gráfico. Trabaja de manera independiente para revistas, marcas de moda y una amplia selección de estudios, agencias y clientes de todo tipo, entre ellos Nike, Espn, Red Bull, Warner Bros, *Newsweek*, *Forbes*, *Variety*, *GQ Francia*, Fast Company, The Hollywood Reporter, etc.

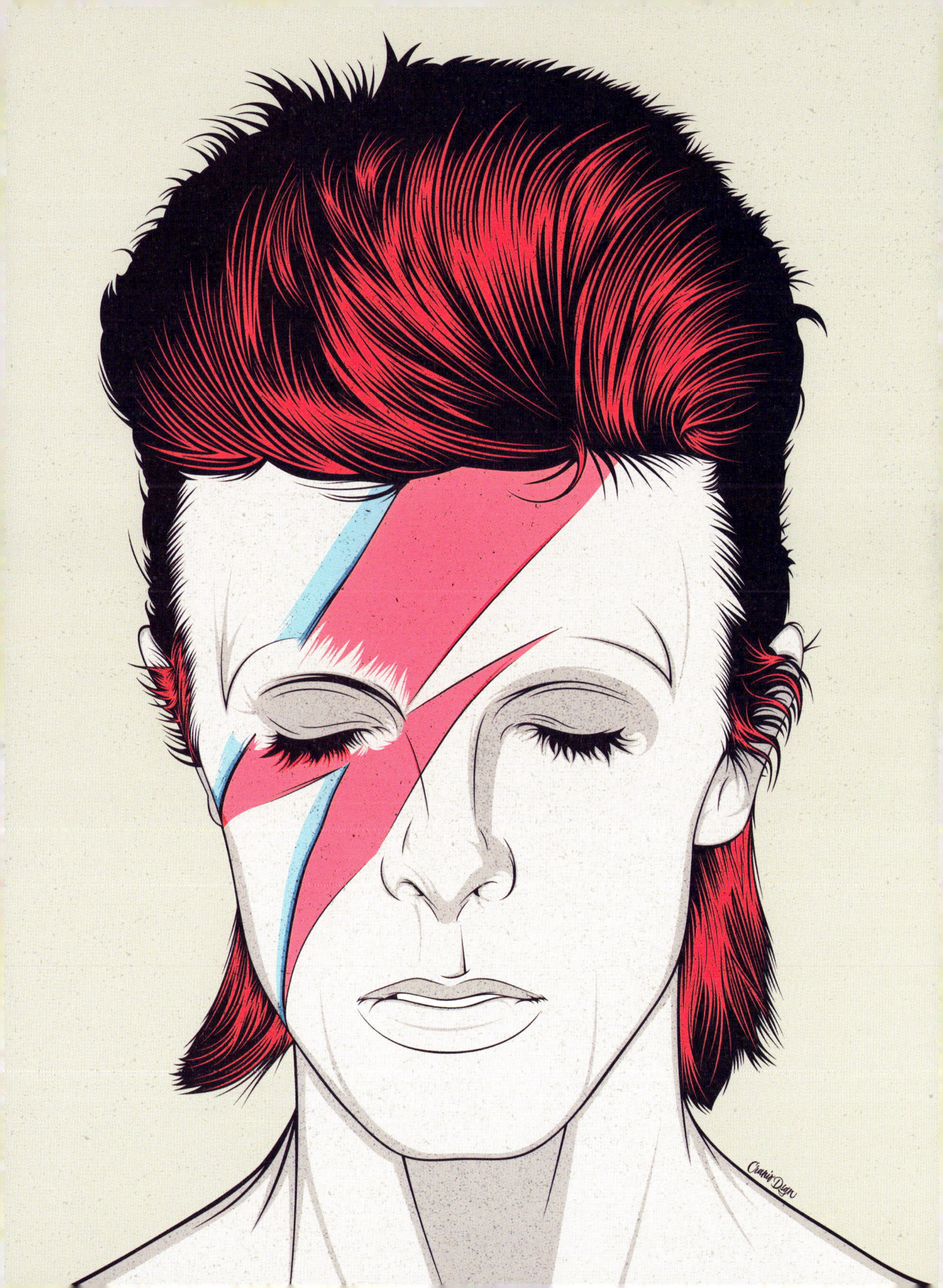
Cranio Dsgn

Casmic lab

www.casmiclab.com

" MAXIMUM EXPRESSION OF WHAT AN ARTIST SHOULD BE"

Casmic lab is a graphic design & illustration studio composed of Amadeo Castroviejo and Roser Miquel.

This award winning duo have worked for both advertising agencies and recognized institutions.

The stunning universe of Casmic Lab is characterized by the predominance of color and geometry and a particular use of iconography.

Casmic Lab es un estudio de diseño gráfico e ilustración formado por Amadeo Castroviejo y Roser Miquel.

Este galardonado dúo ha trabajado tanto para agencias de publicidad como para reconocidas instituciones.

El impresionante universo de Casmic Lab se caracteriza por el predominio del color y la geometría, y un particular uso de la iconografía.

Jisoo Kim

jisook86.tumblr.com

"DAVID BOWIE ALWAYS FELT LIKE THE CALM BEFORE A STORM"

Born in South Korea and living in Los Angeles Jisoo brings both eastern and western sensibilities to his artwork. Especially within the atmosphere of his pieces.

Nacido en Corea del Sur y residente en Los Ángeles, Jisoo plasma en su trabajo la sensibilidad tanto de oriente como de occidente, especialmente en lo que tiene que ver con la atmósfera de sus obras.

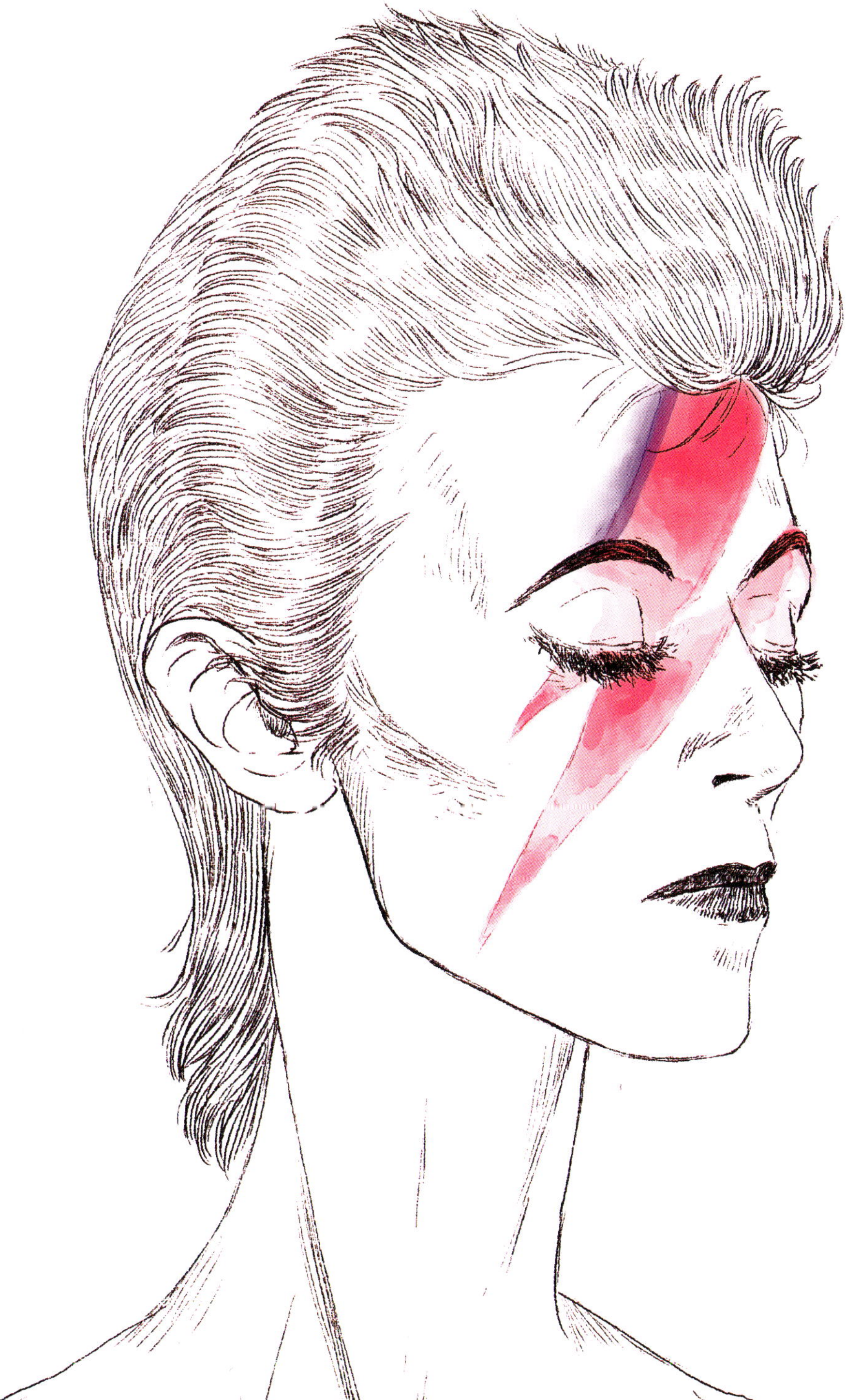

Priscila Floriano

priscilafloriano.com

"UTTERLY UNIQUE. EXTRAORDINARILY BRILLIANT"

Priscila Floriano is an illustrator and multidisciplinary designer from Brazil.

Illustration has always been her passion. A lover of both traditional and digital art, she has an eye-catching, vivid and colorful style, with a keen eye for detail.

She studied Product Design at college, worked as a textile designer at the beginning of her career in Brazil, migrated to branding and graphic design during her time in France, and ended up pursuing a Master degree in Strategic Design in Italy.

Currently, Priscila works as an independent designer in Brazil, focused on digital art, book illustrations and pattern design.

Priscila Floriano es una ilustradora y diseñadora multidisciplinar de Brasil.

La ilustración siempre ha sido su pasión. Amante del arte tanto tradicional como digital, tiene un estilo llamativo, alegre y colorido, con gran énfasis en el detalle.

Estudió Diseño de Productos en la universidad, trabajó como diseñadora de textiles en Brasil al comenzar su carrera, se pasó al desarrollo de marcas y diseño gráfico durante su época en Francia, y terminó cursando un máster en Diseño Estratégico en Italia.

Actualmente, Priscila trabaja como diseñadora independiente en Brasil y se especializa en arte digital, ilustración de libros y diseño de patrones.

Nadia Luongo

www.nadialuongo.com

"AN ECLECTIC AND TRANSGRESSIVE ARTIST"

Nadia is from Naples, Italy. She's graduated in Biomedical Engineering but drawing is her real passion. For about three years she has dedicated herself to make some celebrities portraits using trash and some useless objects: bottle caps, buttons, beads, secondhand toys, recording tapes, pieces of clothes, newspapers and so on. That's a way for her to give new life to things that would normally be thrown away. She has also approached food art, carving fruits and vegetables or drawing portraits with meals or drinks. Her works are mainly inspired by pop-culture: she portrais music, cinema, cartoons and comics icons with different materials and techniques. Nadia really thinks that art can come from anywhere and inspiration can come even from simple things we use every day.

Nadia es de Nápoles, Italia. Se graduó en Ingeniería Biomédica, pero el dibujo es su verdadera pasión. Durante aproximadamente tres años se ha dedicado a hacer retratos de celebridades con basura y objetos inservibles: tapones de botellas, botones, abalorios, juguetes usados, cintas de grabación, trozos de ropa, periódicos, etc. Es su manera de dar una nueva vida a cosas que normalmente se desecharían. También se ha acercado al arte con alimentos, tallando frutas y verduras o realizando retratos con comida o bebida. Sus obras se inspiran principalmente en la cultura popular: retrata iconos de la música, el cine, los dibujos animados y el cómic con diferentes materiales y técnicas. Nadia piensa sin dudarlo que el arte puede provenir de cualquier parte y que la inspiración procede incluso de las cosas simples que utilizamos de manera cotidiana.

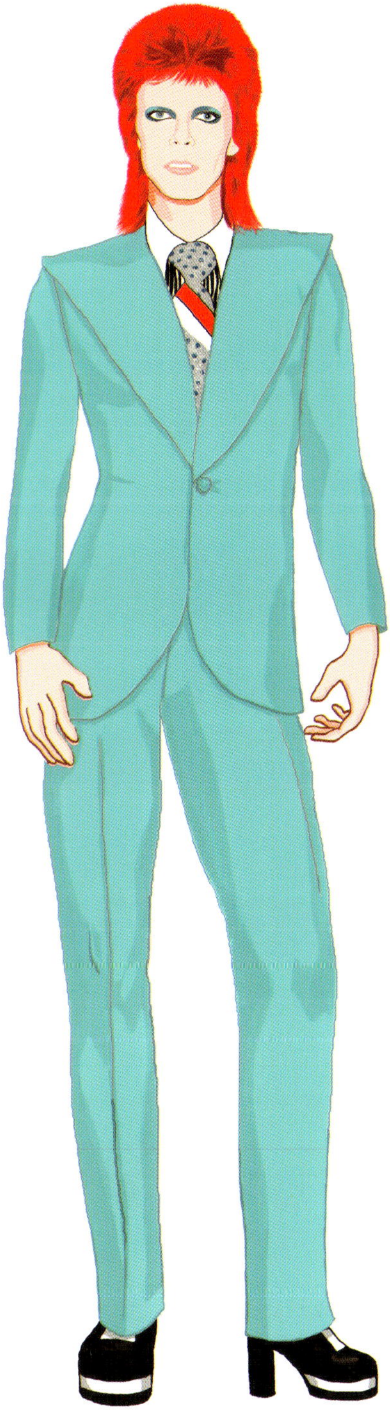

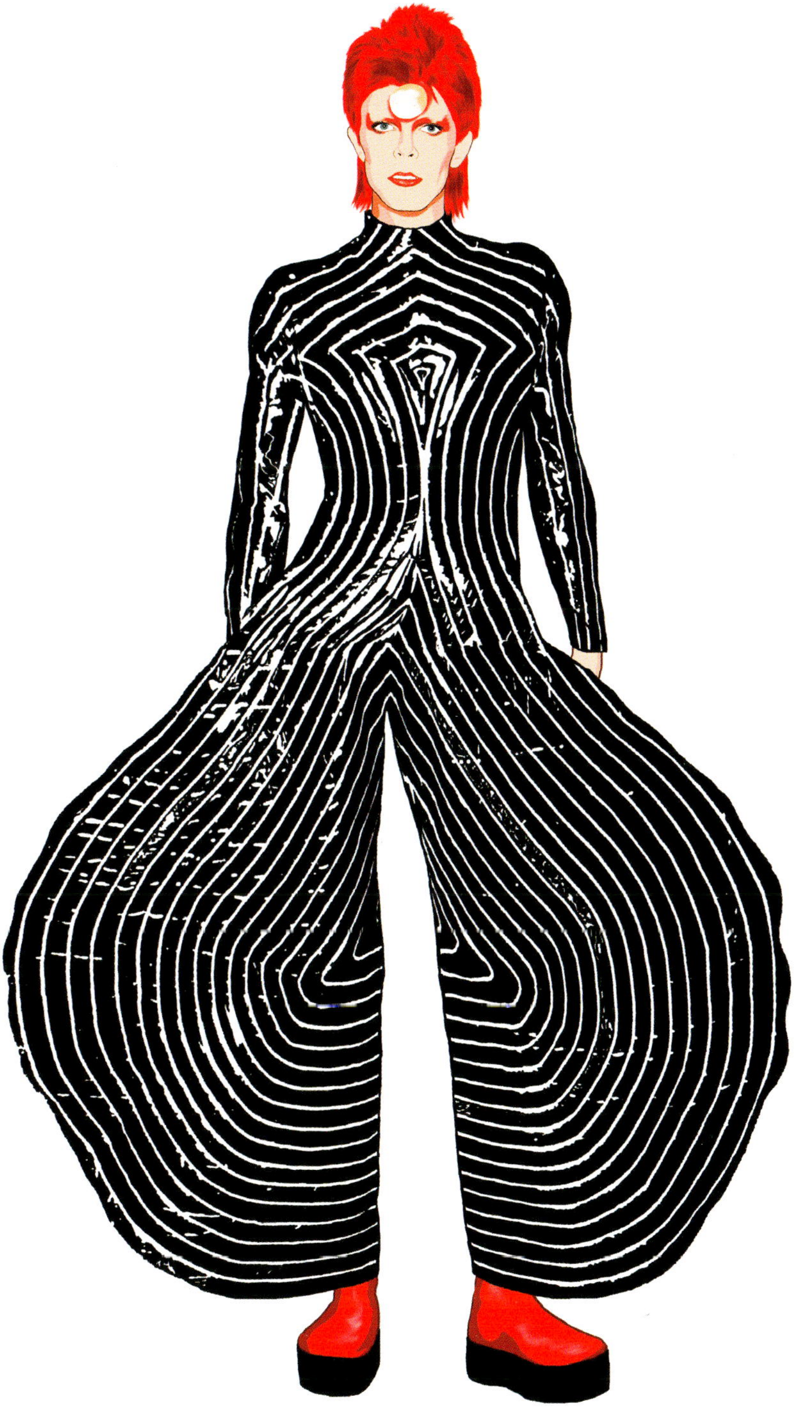

Amanda Lanzone

AmandaLanzone.com

"METAMORPHIC BRILLIANCE"

Amanda Lanzone is an award winning illustrator from New York. Her love for drawing started at a very young age. With a Bachelors Degree in Illustration from the School of Visual Arts, Amanda has since enjoyed a successful career, creating illustrations for many well known publications and products around the world.

Amanda Lanzone es una galardonada ilustradora de Nueva York. Su amor por el dibujo comenzó a una edad muy temprana. Licenciada en Ilustración por la Facultad de Artes Visuales, Amanda ha disfrutado desde entonces de una exitosa carrera, creando ilustraciones para muchas publicaciones y productos conocidos de todo el mundo.

Atmosphere

www.atmosphere-studio.com

"MY ARTWORK HAS BEEN INSPIRED BY BOWIE'S SONGS AND HIS STYLES"

Born in 1982 in South Korea, the designer/ illustrator known as Atmosphere graduated from Konkuk University Communication Design BFA in 2011. From 2011 to 2012 he worked as a graphic designer for "MLB and Discovery_sport fashion brand" before staring his own graphic design studio in 2013.

Nacido en 1982 en Corea del Sur, Atmosphere, diseñador/ilustrador, se graduó en Diseño de Comunicación en la Konkuk University en 2011. Entre 2011 y 2012 trabajó como diseñador gráfico para las marcas de moda deportiva MLB y Discovery antes de inaugurar su propio estudio de diseño gráfico en 2013.

ZIGGY STARDUST
ATMOSPHERE
BOWIE

Ricardo Polo López

www.7vectores.com

"VISIONARY. CHAMELEONIC. HE WAS AN ARTIST AHEAD OF HIS TIME"

Ricardo has dedicated most of my life to magazine design and layout. Drawing has always been a hobby, but during the last years it has been gradually introduced into his work. Video-games addict and fan of comics, movies, series (TV shows) and pop culture, something that is shown in many of his illustrations.

Ricardo ha dedicado la mayor parte de su vida al diseño y disposición de revistas. El dibujo ha sido siempre un pasatiempo, pero durante los últimos años lo ha ido introduciendo gradualmente en su obra. Es adicto a los videojuegos y fanático de los cómics, las películas, las series (programas de televisión) y la cultura popular, algo que se refleja en muchas de sus ilustraciones.

Antoine Dutilh

www.moriprojects.com

"A TRUE ICON AND INNOVATOR"

Antoine has always tried to blur the line between traditional oil painting and digital illustration, attempting to create a new form of medium that elaborates what can be done digitally, to show that digital painting can have a place in the fine arts world. It's almost like an illusion of mediums, merging techniques to form a modern twist on classic portraiture.

Antoine siempre ha tratado de desdibujar la línea que separa la pintura al óleo tradicional y la ilustración digital, tratando de crear una nueva manera de elaborar lo que se puede hacer digitalmente, para demostrar que la pintura digital puede tener su lugar en el mundo de las bellas artes, casi como una ilusión, combinando técnicas para dar un toque moderno al retrato clásico.

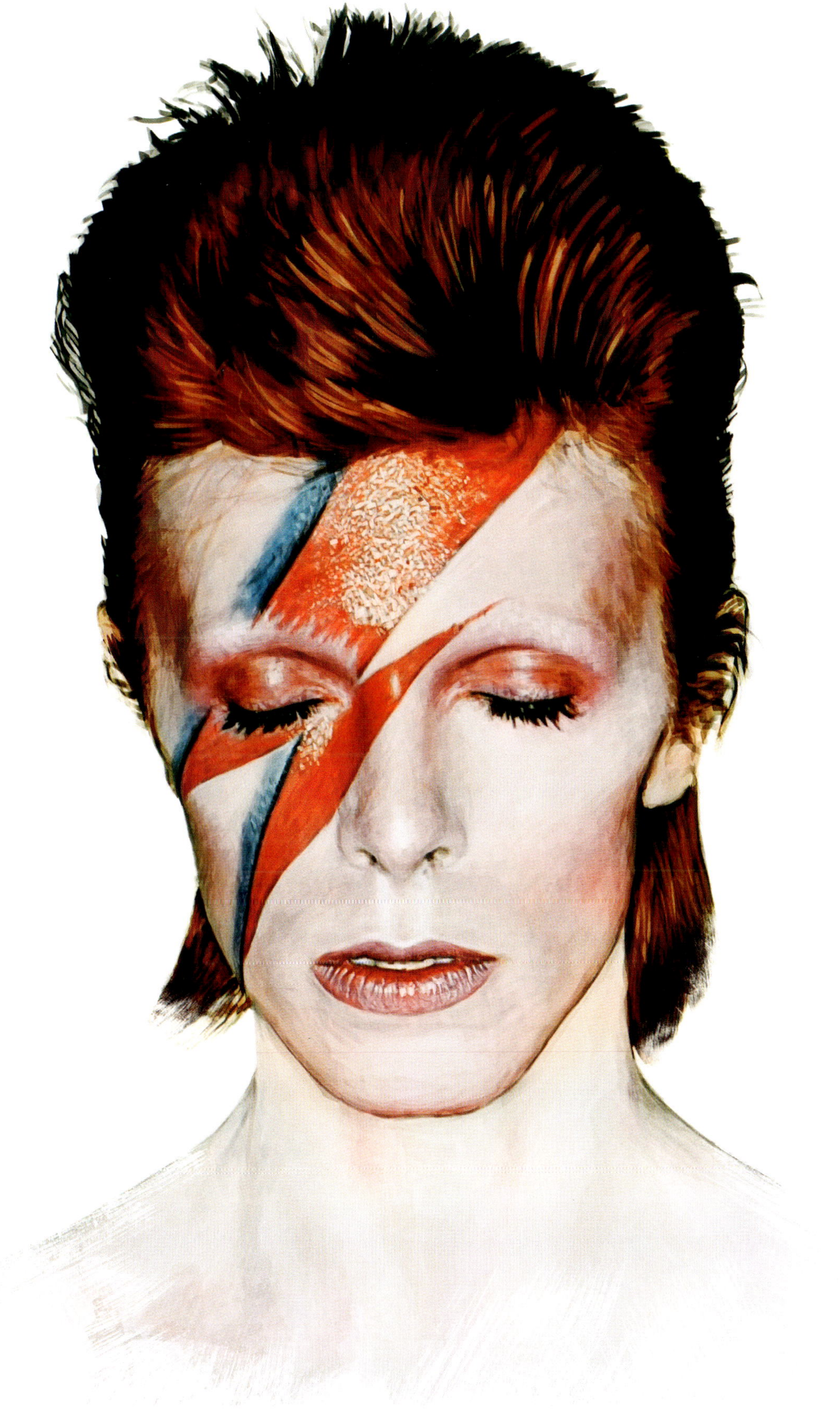